जो आधा अधूरा कह दूँ तो..

विनोद कुमार पहिलाजानी

Published by “The Great Indian Book Tour”
Imprint : T G I B T Press

Title : जो आधा अधूरा कह दूँ तो...

Author : विनोद कुमार पहिलाजानी

First published in 2022
First Edition 2022

ISBN : 978-93-93262-07-3

This is a work of fiction. Names, characters, places and incidents are part of Author's imagination and resemblance to any actual person, living or dead, events or place is purely coincidental.

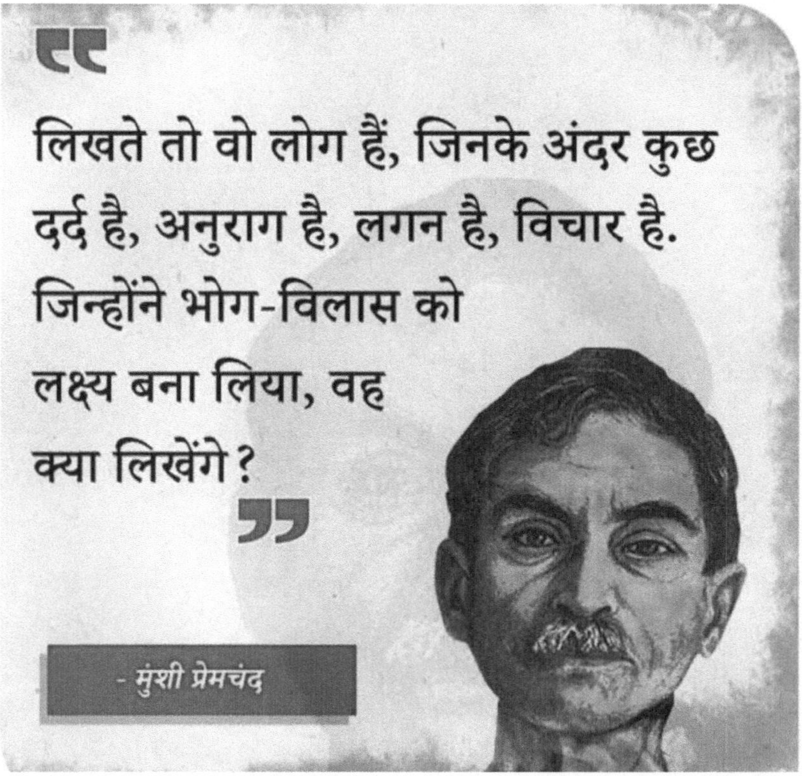
लिखते तो वो लोग हैं, जिनके अंदर कुछ
दर्द है, अनुराग है, लगन है, विचार है.
जिन्होंने भोग-विलास को
लक्ष्य बना लिया, वह
क्या लिखेंगे?
- मुंशी प्रेमचंद

लेखक परिचय

कवि, लेखक व वर्णनकर्ता, **विनोद कुमार पहिलाजानी** ने इंजीनियरिंग करने के बाद ऑटो इलेक्ट्रिकल पार्ट्स का व्यवसाय शुरू किया। हिंदी और उर्दू कविताएं लिखना, पढना इनका शौक रहा है और इसी शौक को उन्होंने कई मंचों पर लोगों के सामने प्रस्तुत भी किया है।

वर्षों की मेहनत के बाद वो अपना पहला कविता संग्रह **"जो आधा अधूरा कह दूं तो"**, जो कि उनकी 21 बेहतरीन कविताओं का संकलन है, उसे लोगो के सामने लाने का प्रयास कर रहे हैं।

प्रस्तावना

कविताएँ मोतियों के मालाओं जैसी होती हैं, शब्द हमारे आस पास ही बिखरें होते हैं हमें सिर्फ़ अपनी सोच, सूझबूझ और समझ से उन मोतियों का चयन करना होता है, इसमें बहुत से भाव होते हैं। मेरी ये "२१ कविताएँ" प्रेम के हर भाव का वर्णन करने का प्रयास है।

प्रेम हमेशा से दर्शन का विषय रहा है, मनुष्य का अस्तित्व में होना ही प्रेम का प्रतीक है। जो जीवन में प्रेम को समर्पित हो जाता है उसके लिए किसी भी प्रकार का पूजन महत्व नहीं रखता, प्रेम आपकी कमज़ोरी भी है और प्रेम ताक़त भी। मैंने प्रेम को हमेशा अपना सहयोगी अपना मार्गदर्शक व अपना जीवन समझा है।

मेरी ये कुछ कविताओं में कहानियाँ हैं जो हर किसी को उसके जीवन से जोड़ने का प्रयास मात्र है। अगर ये शब्द आपके दिल तक पहुँच गए तो मैं मान लूँगा की मेरा प्रयास सफल रहा और वो मुझे और भी लिखने के लिए प्रेरित करेगा। प्रेम आपके भीतर एक नई ऊर्जा का संचरण करता है और प्रेम आप को आत्मविश्वास से परिपूर्ण कर देता है। प्रेम कीजिए और फिर जानिए। ये कविताएँ जीवन की सत्यता हैं, कुछ भी काल्पनिक नहीं है, मेरा ऐसा मानना है की ये हर एक के जीवन में आंशिक या पूर्ण रूप से घटित होता है। ये बात सबके दिल की है, केवल कह मैं रहा हूँ ..

सूची

मेरी ज़िंदगी के मायने
वो ही समझा होगा,
जिसकी धड़कनों में,
मेरे दिल का कुछ हिस्सा होगा...

जो आधा-अधूरा कह दूँ तो...

जो आधा-अधूरा कह दूँ तो, मेरी ख़ामोशी सुन लेना,
वो जो साथ कभी यूँ देखे थे, उन ख़्वाबों को भी बुन लेना,
मैं दूर किनारे पर बेठा सूरज की किरणें बीनता हूँ,
तुम शाम ढले सतरंगी आँचल में चाँदनी बीन लेना ...

इस जीवन में रंग कई
कुछ बिछड़ गए, कुछ संग कई
जो कह कर शायद भूल गए
उन क़समों को, उन वादों को
उन भूली बिसरी यादों को
श्रृंगार बना कर रच लेना,

जो आधा-अधूरा कह दूँ तो, मेरी ख़ामोशी सुन लेना..
जो आधा-अधूरा कह दूँ तो

सावन की भीगी रातों का,
वो बिन मौसम बरसातों का
वो गीली मिट्टी की सुगन्ध,
वो इक हाथ में दूजे हाथों का
तुम ख़्वाब सजा कर रख लेना

जो आधा-अधूरा कह दूँ तो, मेरी ख़ामोशी सुन लेना
जो आधा-अधूरा कह दूँ तो

चलते चलते कब छूट जाए,
जाने कौन कहाँ कब रूठ जाए
बंधन का धागा कच्चा है,

ना खींचो इतना के टूट जाए
जीवन की ढलती शाम में भी,
वो सुबह पुरानी रख लेना

जो आधा-अधूरा कह दूँ तो, मेरी ख़ामोशी सुन लेना,
जो आधा-अधूरा कह दूँ तो

तबके अबके जबके पल थे
वो फूलों से कोमल थे
कुछ याद दिलाते वो सारे
नवरंग समेटें आँचल थे
तुम उस चुनरी के आँचल में
गिठान लगा कर रख लेना

जो आधा-अधूरा कह दूँ तो, मेरी ख़ामोशी सुन लेना,
जो आधा-अधूरा कह दूँ तो

इस अंतर्मन में भरी हुई हैं व्यथा कई
किसको कह दूँ, कैसे कह दूँ
जो सुने सही
मैं भीतर से भीतर को खाता रहता हूँ
भीड़ बहुत है आस पास हमज़ुबाँ नहीं
तुम मीत मेरी बनकर मुझको इक अर्थ नया देना

जो आधा-अधूरा कह दूँ तो, मेरी ख़ामोशी सुन लेना,
जो आधा-अधूरा कह दूँ तो

हँसते रोते जो बीत गयी
कुछ हारी और कुछ जीत गयी
जीवन जीने के ये प्रपंच
दे गए हमें कुछ सीख नयी
उलझन से उलझे रिश्तों में
परछाईं बन तुम संग चलना

जो आधा-अधूरा कह दूँ तो, मेरी ख़ामोशी सुन लेना,
जो आधा-अधूरा कह दूँ तो

संघर्षों से भरे हुए इस जीवन में
अगम अगोचर अंतहीन बाधाएँ हैं
द्वेष सहित, मंज़िल के पथ को बोझिल करती
नीरस, निर्जीव, निरन्तर दुविधाएँ हैं
इस असहनीय जीवन में भी
आशा बन संग तुम चलना

जो आधा-अधूरा कह दूँ तो, मेरी ख़ामोशी सुन लेना,
वो जो साथ कभी यूँ देखे थे, उन ख़्वाबों को भी बुन लेना,
मैं दूर किनारे पर बैठा सूरज की किरणें बीनता हूँ,
तुम शाम ढले सतरंगी आँचल में चाँदनी बीन लेना ...

जो आधा-अधूरा कह दूँ तो
जो आधा-अधूरा कह दूँ तो..

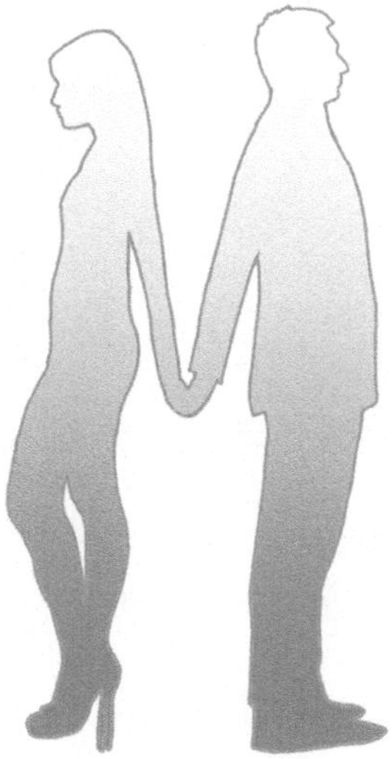

नदी के किनारों सा रिश्ता है,
हमारा मेरे दोस्त,
साथ भी चलते रहेंगे,
और मिल भी नहीं पाएँगे...

कुछ कुछ अपनी मुलाक़ात की तरह...

कुछ कुछ अपनी मुलाक़ात की तरह,
अधूरी छूट गई उस बात की तरह,
बादल भी तकल्लुफ़ छोड़ बैठे हैं,
इस बे-मौसम बरसात की तरह,
जैसे चाँदनी छट रही है बूँदों के बीच से,
तुम भी आ जाओ खुली रात की तरह,
कुछ कुछ अपनी मुलाक़ात की तरह,
अधूरी छूट गई उस बात की तरह...

राहतों और चाहतों के समंदर बह गए,
हम कह ना पाए कुछ और तुम सब कह गए,
ख़ामोश रह गयी हमारी चंद अर्ज़ियाँ,
दे गयी है यादें दिसंबर की सर्दियाँ,
झोली में मेरी जैसे किसी सौग़ात की तरह..
कुछ कुछ अपनी मुलाक़ात की तरह,
अधूरी छूट गई उस बात की तरह...

लड़खड़ती धूप भी निकलती है
धुँध की आँखों में धुँधली लगती है
फूल, पत्ते, बाग़, कलियाँ
पेड़, मिट्टी का ठिठुरना..
जैसे हो कोई ज़लज़ला,
पिछले साल की तरह..
कुछ कुछ अपनी मुलाक़ात की तरह,
अधूरी छूट गई उस बात की तरह...[2]

आज धूप में बरसात हुई है शायद,
फिर नज़रों से दिल की बात हुई है शायद,
मैंने फिर से तलाशा है ख़ुद में ख़ुद को,
मेरी ख़ुद से मुलाक़ात हुई है शायद...

गीली मिट्टी की सुगंध से...

गीली मिट्टी की सुगंध से
आनंद 'मल्हार' में बैठें हैं,
तुम कोशिश को जारी रखो
हम इंतज़ार में बैठें हैं,
बरसात का मौसम आया है
अब सब ख़ुमार में बैठें हैं ..।

ये तार दिलों के मत छेड़ो,
यह सूत्रधार हैं मत छेड़ो,
तुम निश्चित हो सीमाओं में,
हम आसमाँ लिए बैठें हैं
तुम कोशिश को जारी रखो,
हम इंतज़ार में बैठें हैं,
बरसात का मौसम आया है,
अब सब ख़ुमार में बैठें हैं ।

नयनों में अब कुछ स्वप्न भरो,
दीवारों को गिर जाने दो,
अपनी इस बोझिल काया को,
कुछ पंख लगा उड़ जाने दो,
हम दूर शितिज पर मंज़िल का
निशान लगाए बैठें हैं
तुम कोशिश को जारी रखो,
हम इंतज़ार में बैठें हैं,
बरसात का मौसम आया है,
अब सब ख़ुमार में बैठें हैं ।

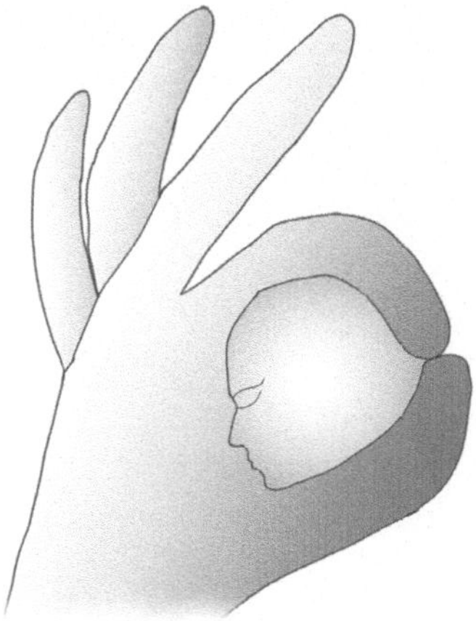

हम तो हुस्न ही लिखते हैं,
हम इश्क़ ही गाएँगे, कितने ही ग़मज़दा हों,
हम तो मुस्कुराएँगे,
अभी दुनिया की दुश्वारियों में मशगूल हैं,
कभी फुर्सत मिली,
तो रोएँगे-रुलाएँगे...

बहुत कमाल हो तुम...

बहुत कमाल हो तुम
तुम्हें याद आऊँ,
या ना आऊँ..
भूल कर भी ना भूल पाऊँ..
क्यूँकि, मेरा ख़याल हो तुम,
और बहुत बहुत कमाल हो तुम..

ज़िंदगी से जब भी
जवाब माँगा है
तुम्हें ही आगे रखकर
जनाब माँगा है
बड़ा ही प्यारा सवाल हो तुम
बहुत बहुत बहुत कमाल हो तुम
मेरा ख़याल हो तुम...

हम बेरंगो में, रंग किधर आता है..
तेरे छूने से, हर, रंग निखर जाता है
नीला, पीला, हरा, सतरंगी,
गुलाबी, आसमानी, अतरंगी ,मनरंगी
हर इक रंग में तू ही भाता है
गालों पर चटका लाल गुलाल हो तुम
अरे यार मान लो ना...
बहुत कमाल हो तुम
मेरे ख़यालों में हो, और मेरा ख़याल हो तुम...

नशीले नैन तेरे, होंठ शराबी हैं,
समा मधोश कर दे, ये जो रंग गुलाबी है...
आँखें ग़ज़ल हैं, चेहरा किताबी है..
उफ़्फ़...
कितनी बेमिसाल हो तुम...
और..
बहुत बहुत बहुत कमाल हो तुम,
मेरी जाँ, मेरा ही तो ख़याल हो तुम...

मैं सुलझूँ या उलझ जाऊँ,
मैं संभलूँ के बिखर जाऊँ..
बड़े टेड़े मेडे से हैं,
तेरी उल्फ़त के रास्ते..
मोहब्बत हो या..
मोहब्बत का जाल हो तुम..
फिर भी....
बहुत बहुत बहुत कमाल हो तुम,
मेरा ही तो ख़याल हो तुम....

भूलने के लिए भी,
फिर, याद करना पड़ता है..
इस दिलो-दिमाग़ का,
पूरा, इलाज़ करना पड़ता है...
हर सुबह, जीना पड़ता है,
हर शाम मरना पड़ता है,
ज़िंदगी का अजीबो-ग़रीब बवाल हो तुम,

पर फिर भी क्या करें..
बहुत ही ज़्यादा कमाल हो तुम..
मेरा मेरा मेरा ख़याल हो तुम....

कितने ही साल गुज़र गए
तुमसे मिलके
कितनी ही शामें बीत गयीं
कितने ही जाम छलके
मेरे लिए तो
हर रोज़ नया साल हो तुम
और
बहुत बहुत बहुत कमाल हो तुम
सिर्फ़ ओर सिर्फ़ मेरा ख़याल हो तुम...

जो कहना चाहता था, वो बात रह गई हैं कहीं
तुझे जो देखा तो, लफ्ज़ बिखर गए, शायद यहीं-कहीं
अब तो बस आंखों का भरोसा है क्या कह दें
फरेबी कह दूं मैं इनको मगर यह सही तो नहीं...

तुम्हारी आँखें...

मेरी सुबह हैं, मेरी शाम हैं तुम्हारी आँखें
लफ्ज़ कहें या न कहें
हर अनकही बात का पैग़ाम हैं तुम्हारी आँखें
नींद के ख़्वाब का,
मचलती रात का,
पहली किरण का,
और फिसलती शाम का
अंजाम हैं तुम्हारी आँखें
बदलते मौसमों में,
बिखरती ज़िंदगी में
इस दौड़-भाग में,
इस तना-तनी में,
दो पल का आराम हैं, तुम्हारी आँखें
जिसके दीदार को तरसे,
जिसके वार को
जिसके प्यार को तरसे,
वो क़त्ले-आम हैं तुम्हारी आँखें
बरसात भी, बादल भी, इंद्रधनुष भी,
फूल भी, बाग़ भी, कली भी,
गुल गुलशन गुल्फ़ाम हैं, तुम्हारी आँखें
नशा भी, सूरा भी, सुराही भी,
मधहोशि का छलकता ज़ाम हैं, तुम्हारी आँखें
मेरी सुबह हैं, मेरी शाम हैं, तुम्हारी आँखें।।

गाँठें जो पड़ गई
इन दिलों की यक़ीन में,
लो हमने दफ़न कर दिए
वो रिश्ते ज़मीन में...

चलो छोड़ दो वो बातें पुरानी...

चलो छोड़ दो वो, बातें पुरानी
वो मेरी कहानी, तुम्हारी कहानी
मैं जिस रास्तों पर भटकता रहा हूँ
मैं जिन उलझनो में उलझता रहा हूँ
वो तूफ़ाँ, वो आँधी, वो धुंधला सा मौसम
वो उफ़ान लेता मन की नदिया का पानी
चलो छोड़ दो वो, बातें पुरानी
वो मेरी कहानी, तुम्हारी कहानी।

वो काले से बादल, अंधेरों का साया
वो ख़ाली दरख़्तों, के सूखे से पत्ते
वो बेजान चेहरे, वो ख़ाली से रस्ते
वो भीगी सी बारिश का, तन सूखा सूखा
वो चलते हुए, रास्तों की ज़ुबानी
चलो छोड़ दो वो, बातें पुरानी
वो मेरी कहानी, तुम्हारी कहानी।

तुम्हें देखने को तरस सा गया हूँ
मैं यादों सा बादल बन बरस सा गया हूँ
चलो सिर्फ़ ख़्वाबों में आओ तो जानू
फिर उसी प्यार से मुस्कुराओ तो मानूँ
क्या तुमने कहा, क्या है मेरी कहानी
चलो छोड़ दो वो, बातें पुरानी
वो मेरी कहानी, तुम्हारी कहानी।।

मैं गिर कर फिर से, सम्भालना चाहता हूँ
ज़रा हाथ थामो, मैं चलना चाहता हूँ
बदल के तो देखो, मैं बदलना चाहता हूँ
मिटाए कब मिटती, मोहब्बत की हर निशानी
चलो छोड़ दो वो, बातें पुरानी
वो मेरी कहानी, तुम्हारी कहानी

मेरी साँस-धड़कन सहम सी गयी हो
अभी अभी वो जैसे इधर से गयी हो
वो ख़ुशबू, महक सी फ़िज़ाओं में बिखरी
वो अंधेरों के तन पे चाँदनी सी जियूँ निखरी
वो घटाओं सी ज़ुल्फ़ें सुहानी सुहानी
चलो छोड़ दो वो, बातें पुरानी
वो मेरी कहानी, तुम्हारी कहानी

कहीं मोड़ पर फिर, मिलो तुम तो क्या हो
वो बातों का मंजर या समा बेज़ुबान हो
वो आधे-अधूरे रास्तों का निशाँ हो
वो नदियों पहाड़ों की दास्ताँ हो
वो इक था दीवाना, वो इक थी दिवानी
चलो छोड़ दो वो, बातें पुरानी
वो मेरी कहानी, तुम्हारी कहानी
वो मेरी कहानी, तुम्हारी कहानी

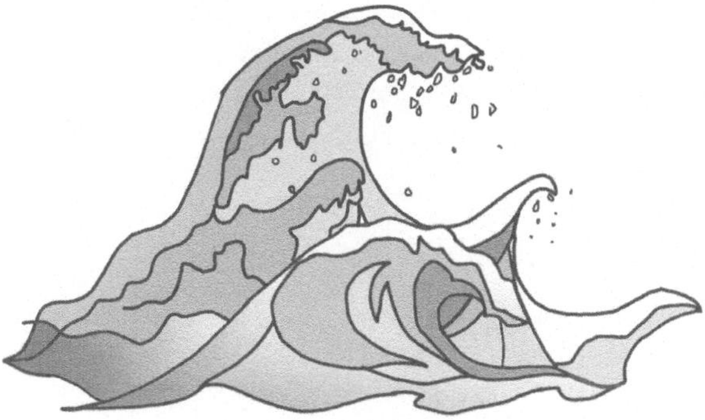

अपनी राहें होंगी, अपने मंज़र होंगे,
अपनी नदियाँ होगी, अपने समंदर होंगे...

जीवन-लहर...

मुझे समंदर लांघती
इक लहर कहीं पर दिखती है
वो सूरज की किरणो के संग
सोन परी सी लगती है
यूँ मुझ तक आते आते
धीमी सी हो जाती है
नवरंग समेटे सागर का
बोझिल सी हो जाती है
सागर की गहराई में जाने
कितने हिचकोले आयें हैं
मोती भी मिले हैं उसमें
पथर भी टकराएँ हैं
उन माणक मोती को उसने
याद बना संजोया है
और पथरों से ठोकर खाकर
खुद को खुद से खोया है
धरती से सूरज का रास्ता
ये प्यारी सी लहरें हैं
खुशियों से ग़म का रास्ता
ये प्यारी सी लहरें हैं
अमृत से मंथन का रास्ता
ये प्यारी सी लहरें हैं
सचाई से भ्रम का रास्ता
ये प्यारी सी लहरें हैं
आदी से अनंत का रास्ता
ये प्यारी सी लहरें हैं
सिद्धी से सिद्धांत का रास्ता
ये प्यारी सी लहरें हैं

वेदों से वेदांत का रास्ता
ये प्यारी सी लहरें हैं
आगे जीवन का भी रास्ता
ये प्यारी सी लहरें हैं
छोड़ आए जो पीछे रास्ता
ये प्यारी सी लहरें हैं
नींदो से सपनो का रिश्ता
ये प्यारी सी लहरें हैं
अपनो से अपनो का रिश्ता
ये प्यारी सी लहरें हैं
मेरे तुम्हारे सुर और राग
ये प्यारी सी लहरें हैं
जीवन के सारे अनुराग
ये प्यारी सी लहरें हैं
मात्र-पित्र के सारे त्याग
ये प्यारी सी लहरें हैं
मेरे दिन और मेरी रात
ये प्यारी सी लहरें हैं
तेरे से मेरा अनुपात
ये प्यारी सी लहरें हैं
जीवन से जीवंत का रास्ता
ये प्यारी सी लहरें हैं
जन्म से फिर अंत का रास्ता
ये प्यारी सी लहरें हैं
तुम भी लहर हो, मैं भी लहर हूँ
इस जीवन के सागर में
आओ मिलकर इक लहर बनाएँ
इस जीवन के गागर में
प्यारी लहरों के सागर में
प्यारी लहरों के सागर में ।।

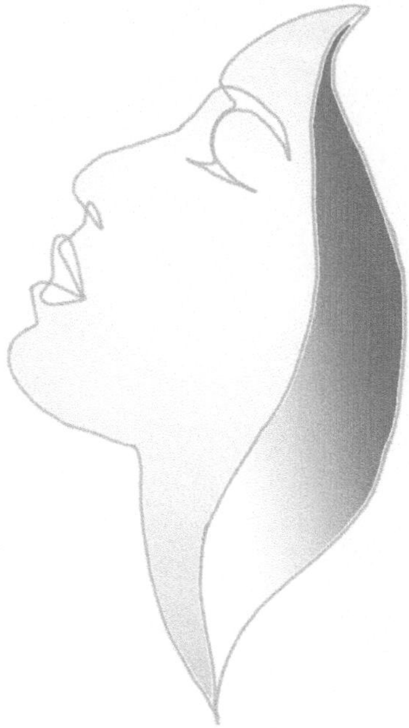

रास्ते, गालियाँ पेड़, पौधे,
सबसे बतिया आए...
दूर तलक देखा,
तुम नज़र ना आए...

रहने दो...

ख़्वाबों की मुलाक़ात, ख़्वाबों में रहने दो,
उलझे हुए सवाल, जवाबों में रहने दो..

जब भी कभी क़िस्से सुनाने कहीं बैठो,
मेरा वाला आलेख, किताबों में रहने दो..

ख़्वाबों की मुलाक़ात, ख़्वाबों में रहने दो..

तुम्हारे आने से हुआ, रोशन ये बाग़बान,
कुछ देर सही, ख़ुशबू गुलाबों में रहने दो..

ख़्वाबों की मुलाक़ात, ख़्वाबों में रहने दो..

मुस्कुराहटों को देखो नज़र ना लगे
बिखेरों ना इनको, हिजाबों में रहने दो..

ख़्वाबों की मुलाक़ात, ख़्वाबों में रहने दो..

आँख़ो की बूँद है या, फूलों की ओस है,
जैसे भी हो नमी, फ़िज़ाओं में रहने दो..

ख़्वाबों की मुलाक़ात, ख़्वाबों में रहने दो,
मेरे उलझे हुए सवाल, जवाबों में रहने दो..

यादों की नदी बन मैं बह रही हूँ
और, तुम हो ज़हन में बैठे पर्वत की तरह
कैसे समेटूँ मैं खुद में खुद को
तुम हो मेरे अंदर मेरी आदत की तरह...

याद...

तुम्हारी याद के ख़्याल आधे मुक्कमल हैं
ज़हन में चुभते हैं और दर्द दिल में पलता है..
वो मुलाक़ातें, वो बातें, रह गयी अधूरी सी,
अब पूरी सी नींद को, आधा सा ख़्वाब ख़लता है..
तुम्हारी याद के ख़्याल...

ज़रा सी बात थी सुनते तुम, तो हम कह देते,
अब ज़रा सी साँस चलती है, ज़रा सा दम निकलता है..
तुम्हारी याद के ख़्याल आधे मुक्कमल हैं
ज़हन में चुभते हैं और दर्द दिल में पलता है..

के इतनी भीड़ है इधर उधर फिर भी अकेले हैं,
के तेरी याद से महफ़िलों का मंज़र बदलता है..
वो ही सावन की रातें हैं, वो ही बरसात का मौसम,
समय हमारी उँगलियों पे धीरे धीरे चलता है..
तुम्हारी याद के ख़्याल...
कई दिनो से तारा भी ना टूटता देखा,
शाम भी ठहर गई है, सूरज भी कहाँ ढलता है..
तुम्हारी याद के ख़्याल आधे मुक्कमल हैं
ज़हन में चुभते हैं और दर्द दिल में पलता है..

मेरी आँखो में हैं अफ़साने, उन बीते लम्हों के,
तभी इन कमबख़्त आँखो से, ये आँसु कम निकलता है..
जब ये अहसास दिल की खिड़कियों से रुह तलक़ पहुँचे,
तब जाकर कहीं इस शायर का कलम निकलता है..
तुम्हारी याद के ख़्याल...

इस क़ौस-ए-कुज़ में,
इक रंग तेरा है, इक रंग मेरा है
बारिश की सुगंध तेरी है
हवा का नम मेरा है...

अंतर्मन...

तुम हो मेरे अंतर्मन में
आँख बंद पलकों के पीछे
तुम हो मेरे हर स्मरण में
रात की गहरी नींदो में तुम
तुम हो मेरे हर स्वप्न में
वेदना तुम, चेतना तुम
तुम मेरी संवेदना में
उल्हास तुम, ये स्वाँस तुम
सत्य तुम, विश्वास तुम
जीवन की अंतिम आस तुम
तुम हो हृदय की धड़कनो में
हो तुम मेरे क्षण क्षण में
तुम हो मेरे अंतर्मन में...

तुम हो हर सुगंध में
आभास में, प्रसंग में
बहते जलतरंग में
आनंद में, उमंग में
तुम हो मेरे हर रंग में
जन्मो जन्मो से संग में
तुम हो इस तन-मन-धन में
तुम हो मेरे अंतर्मन में...

पृथ्वी जल आकाश में
तुम हो मेरी जिज्ञास में
सागर मंथन के अमृत में
तुम हो मेरी हर प्यास में
तुम हो अंतरबोध में
तुम हो प्रकट आभास में
राधा-रुक्मणी-मीरा में तुम
तुम हो कृष्ण के रास में
तुम सूर्य की हर किरण में
तुम हो मेरे अंतर्मन में...

समय के हर पल में तुम
मेरे कल आज और कल में तुम
मेरे हर स्मृति पटल में तुम
हर सवाल के हल में तुम
तुम अनुपूरण तुम शक्ति हो ,
तुम भक्ति हो आसक्ति हो
अविरल सी अनुभूति हो तुम
तुम हो मेरे इस जीवन में
तुम ही हो मेरे अंतर्मन में... -[2]

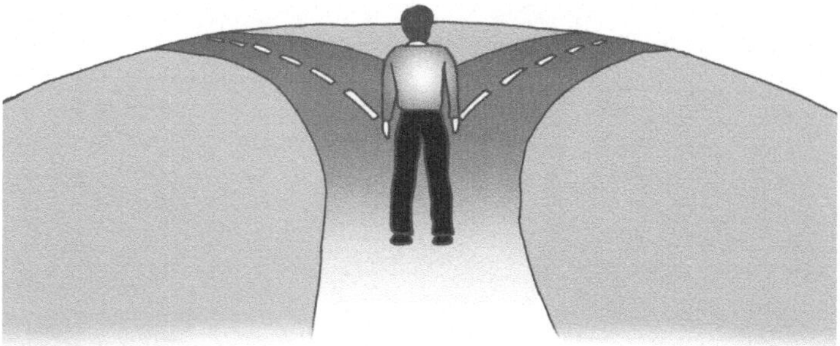

लिख के नाम उसका,
मैने उसे मिटा दिया
लो फिर आज उसे याद करके
भूलने का हौसला किया...

राहें मुंतज़िर हैं...

राहें मुंतज़िर हैं तेरे इंतज़ार में ,
फिर कसक उठी है दिले बेक़रार में।
जादू तेरी निगाह का इस तरह चल गया,
झूमता रहता हूँ नशे में ख़ुमार में..
राहें मुंतज़िर हैं तेरे इंतज़ार में..

पूरा गुलिस्ताँ तेरी महक से भर गया ,
हर शाख़, हर पत्ती पे तेरा रंग चढ़ गया ,
हर गुल में तू ही तू दिखे, अब के बहार में..
राहें मुंतज़िर हैं तेरे इंतज़ार में..

कुछ देर सही, साथ मेरे चल तो सही,
मेरी ना सही, अपनी बात कर तो सही,
नज़रें बिछाए बैठे हैं, तेरे दीदार में..
राहें मुंतज़िर हैं तेरे इंतज़ार में..

तू माने या न माने, क्या फ़र्क़ पड़ता है,
तू समझे या न जाने, क्या फ़र्क़ पड़ता है,
हम जीत का मज़ा लिए बैठे हैं हार में..
राहें मुंतज़िर हैं तेरे इंतज़ार में..

अब उम्र का क्या पता कब साथ छोड़ दे
ज़िंदगी ना जाने कब झटक कर हाथ छोड़ दे
मरने के बाद भी सो ना पाएँगी कभी
आँखें खुली रहेंगी तेरे इंतज़ार में ..
राहें मुंतज़िर हैं तेरे इंतज़ार में..

इसका दिल और उसका दिल
रखने में ज़िंदगी निकल गयी,
अपना दिल कहाँ रख दिया
ये बात दिमाग़ से फिसल गयी...

सब सही तो नही किया है हमने...

सब सही तो नहीं किया है हमने
वर्ना ज़िंदगी के हक़ अदा हो गए होते
कुछ ख़ामियाँ तो ज़रूरी भी हैं दोस्तों
वर्ना कब के ख़ुदा हो गए होते...
सब सही तो नही किया है हमने...

चाँद के दाग़, सूरज की तपिश
ऊँचे होकर भी सब कामिल नहीं होते
ये एहलियत सिर्फ़ ज़हन का वहम है
सब सिफ़र है
अगर तजुर्बे इसमें शामिल नहीं होते
ग़म भुलाने को ख़ुशियाँ बाँट रहे है
वर्ना हम भी ग़मज़दा हो गए होते
कुछ ख़ामियाँ तो ज़रूरी भी हैं दोस्तों
वर्ना कब के ख़ुदा हो गए होते...
सब सही तो नही किया है हमने...

जो कहना था वो कह नहीं पाए हम
ये अलग बात है
वर्ना दिले-इज़हार में
क़ाबिल हो गए होते
सँभाल रखा है
आँखो के बंद दरवाज़ों में
वर्ना ये कमबख़्त
आँसू कब के जुदा हो गए होते....
कुछ ख़ामियाँ तो ज़रूरी भी हैं दोस्तों
वर्ना कब के ख़ुदा हो गए होते...
सब सही तो नही किया है हमने...

कभी मिली ख़ुशियाँ लाजवाब
कभी ग़म बे-हिसाब मिला
वो मिला मुझसे,
जैसे अजनबी सा कोई ख़्वाब मिला
सवाल जाने क्या थे मेरे,
जाने क्या जवाब मिला
वो दूरी मिट गई होती, जो कदम बढ़ गए होते
हज़ार दिलों से, हम भी फ़िदा हो गए होते
कुछ ख़ामियाँ तो ज़रूरी भी हैं दोस्तों
वर्ना कब के ख़ुदा हो गए होते...
सब सही तो नही किया है हमने...

ज़िंदगी बची कुछ साँस है,
इसे जीते जाना है
यहीं पर स्वर्ग, यहीं नर्क
सब चुकता चुकाना है
ये समेटा, वो समेटा
कहाँ कब काम आएगा
जी भर जीलो इसको
ना आज फिर ये कल आएगा,
ये दुःख, रंज, ग़म, अलविदा हो गए होते
कुछ ख़ामियाँ तो ज़रूरी भी हैं दोस्तों
वर्ना कब के ख़ुदा हो गए होते...
सब सही तो नही किया है हमने...

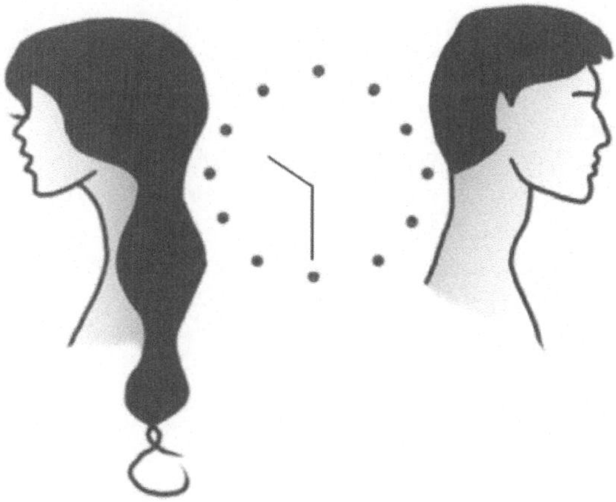

दिलों-दिमाग़ की कशमकश है दोस्त
ऐसे कहाँ निकल पाओगे
दिल से सोचा तो बर्बाद हुए समझो
दिमाग़ लगाओगे तो जान से जाओगे...

ठहरा हुआ ये वक़्त...

ठहरा हुआ ये वक़्त,
गुज़र जाए तो अच्छा..

हर हर्फ़ में अदावत है,
हर लहज़ा बे-लिहाज़,
कोई आकर उन्हें आयिना,
दिखा जाए तो अच्छा..

हैं चाक़-चोबंद,
दुनिया कि दीवारें,
इस ज़िंदा-ए-जहाँ से,
छुड़ा जाए तो अच्छा..

हर चेहरे में चेहरा है,
लफ़्ज़ों में शरारत,
कोई आँखों से अफ़साने,
सुना जाए तो अच्छा...

तुम आधी सी इस ज़िंदगी का
पूरा सा ख़्वाब हो
कोई मुझको हमेशा के लिए
सुला जाए तो अच्छा...

अब इंतज़ार भी है,
और मिलना भी न चाहता
इस कशमकश से जल्द
निकला जाए तो अच्छा...

तुम आकर मेरी उलझनें,
क्यूँ सुलझा नहीं देती
या इन उलझनों के बीच ही
उलझ जाऊँ तो अच्छा...

ये रास्ते ता-उम्र
रहेंगे इंतज़ार में
तुम आओ तो अच्छा...
या ना आओ तो अच्छा...

ठहरा हुआ ये वक़्त,
गुज़र जाए तो अच्छा..

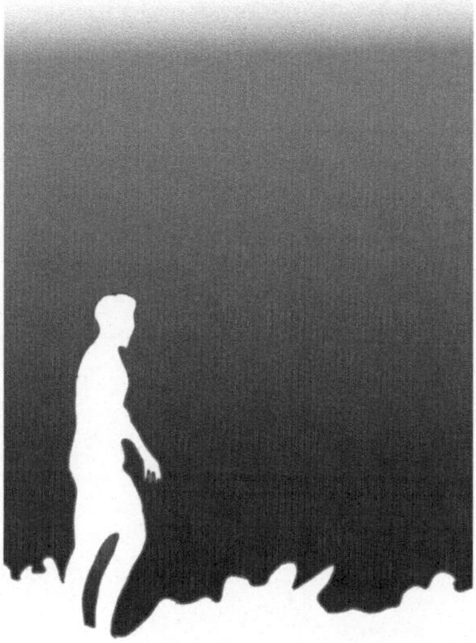

ये जो बिगड़े हुए
कदमों के निशाँ हैं
कहीं तेरी याद
यहाँ से होके निकली है...

सफ़र तनहा है...

मेरी ख़ामोश ज़िंदगी का सफ़र तनहा है,
बाहर तो भीड़ बहुत है, मगर घर तनहा है।
चाँदनी कर रही अटखेलियाँ सितारों संग,
चाँद बादलों की आग़ोश में क्यूँ तनहा है।
यूँ ही चुप चाप रहोगे तो क्या हासिल हो,
बात तुम कुछ तो करो के मेरा मन तनहा है।

मेरी ख़ामोश ज़िंदगी का सफ़र तनहा है,
बाहर तो भीड़ बहुत है, मगर घर तनहा है।

कहानियाँ तो बिखर रही हैं दोस्त इधर-उधर,
और कहीं उधर इक अफ़साना दिखा तनहा है
और इन गीतों और ग़ज़लों की भरी दुनिया में,
मेरे उन काँपते होंठों पे तराना कोई तनहा है।

मेरी ख़ामोश ज़िंदगी का सफ़र तनहा है,
बाहर तो भीड़ बहुत है ,मगर घर तनहा है..।।

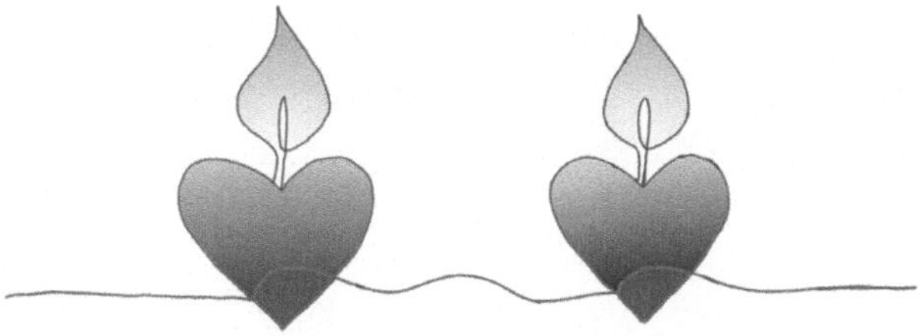

मेरे दिल के दर्द जिस दिन
काग़ज पर उतर जाएँगे,
ये काग़ज, ये क़लम
आग में जल जाएँगे...

दो दियों का सफ़र...

दो दिये पूजा के नदिया में कहीं बहने लगे
इक लहर ने साथ जोड़ा संग वो रहने लगे
हल्की फुलकी लहरों ने झूले झुलाए उन्हें,
आँख मुँदे प्यार के कुछ स्वप्न दिखलाए उन्हें,
लौ पे अपनी हाथ रख क़समें वो खाने लगे..
दो दिये पूजा के नदिया में कहीं बहने लगे..।।

साथ का जो ये सफ़र था मनोरम रंगीन था,
दूर किसको थी खबर कुछ मामला संगीन था,
इक लहर के झोंके ने कर दिया उनको अलग,
रास्ता काँटों भरा जो कल तलक शाहीन था,
क्या करें, और कहाँ जाएँ,खुद से वो कहने लगे
दो दिये पूजा के नदिया में कहीं बहने लगे..।।

यूँ अकेले चलते बेहते, लो भी कम होने लगी,
प्यार में जो क़समें खायीं, वो कहीं बहने लगी,
दोष किसका, हम पर किसकी है ये नज़र लगी
इन्ही सारे प्रश्नो से, भर गयी ये ज़िंदगी,
भाग्य का ये दोष है, सोचा और फिर सहने लगे
दो दिये पूजा के नदिया में कहीं बहने लगे..।।

अब भी जीवन के कुछ अनकहे मलाल हैं,
ऐसा होता तो फिर वैसा होता, कुछ सवाल हैं,
कुछ सवालों को अपने साथ हम ले जाएँगे,
कुछ सवालों के जवाबों में खुद को ही पाएँगे,
कुछ सवाल रात -दिन, अंग-संग रहने लगे.
दो दिये पूजा के नदिया में कहीं बहने लगे..
इक लहर ने साथ जोड़ा संग वो रहने लगे..।।

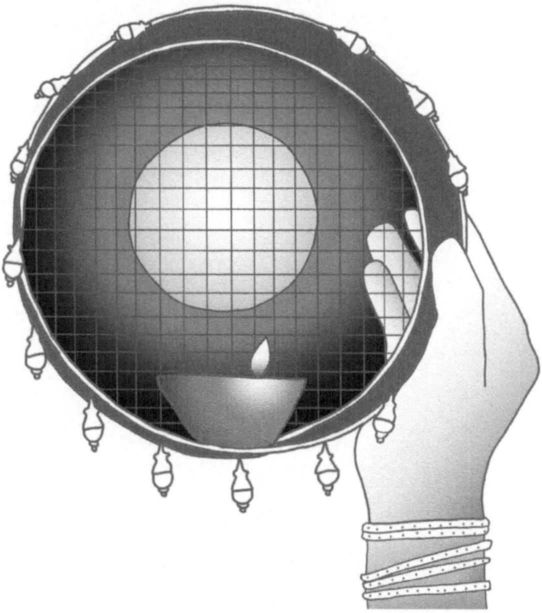

दो हिस्सों में बँटी है
ज़िंदगी की पहचान,
इक आसमान की उड़ान
इक रेत की ढलान...

करवाचौथ...पर्व है यह प्यार का...

पर्व है ये प्यार का
ख़ुशियों का बहार का,
मौन रह कर जो समझा जाए
उस अनूठे व्यवहार का, पर्व है ये प्यार का
दुलार का, संस्कार का
इस बदलती हुई सदी में,
उस पुराने विचार का, पर्व है ये प्यार का
मेहंदियों का, चूड़ियों का
बिंदियों का, चिंदियों का
पर्व मंगलसूत्र का, प्रेम के इस सूत्र का
पर्व ये श्रृंगार का, पर्व है ये प्यार का
भागती इस ज़िंदगी में
पर्व ठहरे चाँद का
भीतर से जो बह रही, उस उत्सुक उन्माद का
पर्व ये ब्रह्मांड का
कई जन्मो के सार का, पर्व है ये प्यार का
पर्व है ये परिवार का
सासू माँ-बहू के प्यार का
थोड़े में ही बहुत का
पर्व करवा चौथ का
पर्व ये आभार का, पर्व है ये प्यार का...

ये गेरुआ चाँद,
जो ब्रह्माण्ड समेटे अंदर है,
नज़र कहां लगेगी उसे,
जो ग्रहण में भी सुंदर है...

ऐ चाँद...

अपने सीने में कई दाग़ छिपाए,
ऐ चाँद तू रोशनी में नहाता है,
मेरे दिल की तरह, हज़ारों में,
तारों में अकेला ही तो नज़र आता है
कभी तो ठहर कुछ पल के लिए,
कभी तो रुक मेरे आँगन में...
क्यूँ रोज़ निकलता है मेरा ख़्वाब बन कर,
क्यूँ रोज़ पलक खुलते ही डूब जाता है,
ऐ चाँद तू रोशनी में नहाता है...

छत पर उतर आने का
तेरा वादा था
तुझसे इश्क़ फ़रमाने का
मेरा इरादा था
कभी बादलों में छुप जाना,
कभी झील में उतर आना,
कभी आधा-अधूरा,
कभी पूरा हो जाना
ये अठखेलियाँ थी,
या था शर्माना
इस छुपन-छुपाई में
इक सार तो नज़र आता है
के हर "अमावस" के बाद
"पूनम" ज़रूर आता है
ऐ चाँद, ऐ मेरे प्यारे चाँद
तू रोशनी में नहाता है...

वो तेरी याद का चाँद,
वो मेरी याद का चाँद,
भीगी बरसात का वो चाँद,
अकेली रात का वो चाँद,
कही सब बात का वो चाँद,
अनकही बात का वो चाँद,
तेरे-मेरे साथ का वो चाँद,
सुर्ख़ जज़्बात का वह चाँद,
दिल की तनहाइयों में गुम
आवारा भटकता चाँद..
मेरे क़िस्सों का गवाह है चाँद,
जो कहानियाँ भी बताता है
कभी ख़ामोश सुनता है
कभी कह कर सुनाता है,
ऐ चाँद, ऐ मेरे प्यारे चाँद
तू रोशनी में नहाता है...

तोड़ कर आशिक जो लाते हैं,
उस हीर-रांझा से
शीरी-फरहाद का चाँद,
मक़बरे को जो
महल सा रोशन करे,
शाहजहाँ के उस
ताजमहल का चाँद
बेशक दूरियाँ बहुत हैं,
हममें तुममें
पर जो मेरी नज़र में है
वो ही तेरी नज़र में है चाँद
वो जो ज़िदगी के फ़लसफ़े समझाता,
वो ज़्यादा से कम होता,
वो कम से ज़्यादा होता चाँद,
क्यूँ हमसे इतना दूर होकर भी
दिल में उतरता जाता है,
हर भूली बात का हरसु
अहसास कराता है,
हर दिल के जुड़े तार हैं तुझसे
हर दिल का तुझसे नाता है,
ऐ चाँद, ऐ मेरे प्यारे चाँद
तू रोशनी में नहाता है...

जिंदगी की किताब में
जो वक़्त बीता,
कुछ ख़ुशी का था,
कुछ ग़म का था,
पर जो दिल को छू गया,
वो वक़्त बचपन का था...

मेरा बचपन...

इक हरी ज़मीन सी होती थी,
नीला आसमाँ सा होता था,
इक पगडंडी जहाँ लहराती थी,
वहाँ अपना मकाँ होता था।
इक ख़्वाब जहाँ हम बुनते थे,
रंगीले पथर चुनते थे,
जहाँ गलियों और चोबारो में,
अपना गुलिस्ताँ होता था।
इक हरी ज़मीन सी होती थी,
नीला आसमाँ सा होता था।

उस रात की छुपन-छुपाई में,
इक प्यारा धप्पा होता था,
इस हार जीत के झगड़े में,
फिर कट्टी-अब्बा होता था,
गलियों में कूदता फाँदता वो,
बच्चों का झुरमुट होता था।
इक हरी ज़मीन सी होती थी,
नीला आसमाँ सा होता था।

वो चिड़िया के उड़ने से जब,
हाथी घोड़े उड़ जाते थे,
वो साँप सीडी लूडो के चक्कर में,
कितने छक्के छूट जाते थे,
वो कुछ ताशों की गड्डी का,
पते पर पत्ता होता था।

इक हरी ज़मीन सी होती थी,
नीला आसमाँ सा होता था।
वो दिनचर्या में गिल्ली-डंडा
कंचे-लट्टू होते थे
वो टूटे टुकड़े संगमरमर के
पिट्ठू पर पिट्ठू होते थे
वो कपड़े धोने की सोटी से
गली का क्रिकेट होता था
इस दुनिया से दूर कहीं
मेरा वो बचपन होता था
इक हरी ज़मीन सी होती थी,
नीला आसमाँ सा होता था।

अब दिन बीते ,दिन गुज़र गए,
यादों का आना जाना है,
उन भूले बिसरे रास्तों में,
कुछ तो अब भी पहचाना है,
वो छत पर तारों के संग में,
इक ख़्वाब सुहाना होता था।
इक हरी ज़मीन सी होती थी,
नीला आसमाँ सा होता था
इक पगडंडी जहाँ लहराती थी,
वहाँ अपना मकाँ होता था।।

मेरा इश्क़ इक भठकती शाम है,
तेरी मोहब्बत में खर्च जिंदगी तमाम है...
तू अपनी चाह में शामिल तो कर मुझे...!
दूर कही मेरी ज़मींनी-मोहब्बत से,
मिलता तेरे हुस्न का आसमाँ है...

मेरी शाम...

सूरज को हाथों में जकड़ कर
तारों को आँखों में भर लूँ..
चाँद को अपने जेब में रख कर
आओ ढलती शाम पकड़ लूँ..

रात मेरा इंतज़ार करेगी
रोज़ मेने किया
वो इस बार करेगी
बिना चाँद और तारों के वो
क्या ख़ाक श्रृंगार करेगी ..
सूरज भी कैसे निकलेगा
मेरे हाथों में मिट्टी है
वो ऐसे कैसे फिसलेगा
तुम जो कहो तो वक़्त की चलती
सुइयों की में स्वाँस रोक लूँ..

सूरज को हाथों में जकड़ कर
तारों को आँखों में भर लूँ..

समय यहीं पर रुक जाएगा
बर्फ़ की तरह वो जम जाएगा
जीवन ओर मृत्यु का चक्कर
जहाँ-वहीं पर थम जाएगा
शोर बहुत मचाती हैं ये
तेज़ बहती जाती है ये
तुम जो कहो तो कोलाहल करती
नदियों का प्रवाह रोक लूँ..

सूरज को हाथों में जकड़ कर
तारों को आँखों में भर लूँ..

धरती के सीने पर
जो बोझ बना सा खड़ा हुआ है
सूरज को बहला फुसला कर
शाम निगलने को आतुर है
कहो तो इन पहाड़ों को
तोड़ अभी धरातल कर दूँ
हरियाले खलियानों से
इस धरती का दामन भर लूँ ..

सूरज को हाथों में जकड़ कर
तारों को आँखों में भर लूँ..

बादल अपनी मर्ज़ी के थे
उनको मैंने डाँट लगाई
ख़बरदार जो बारिश कि तो
या फिर काली घटा उभराइ
मेरी शाम तो मेरी ही है
उससे ज़रा बचना भाई
तुम अपनी आँखों को फेरो
तो उसको बाहों में भर लूँ..

सूरज को हाथों में जकड़ कर
तारों को आँखों में भर लूँ..
चाँद को अपने जेब में रख कर
आओ ढलती शाम पकड़ लूँ..

ये दिल का मामला है
ज़रा देखभाल के
होता नहीं है फ़ैसला
सिक्का उछाल के
मोबाइलों के दौर के
आशिक़ का क्या पता
रख देते थे काग़ज़ पे
कलेजा निकाल के...

श्री उदय प्रताप सिंह

ख़त...

हवाओं ने बताया है,
के इक पैग़ाम आया है
तड़प भेजी लिफ़ाफ़े में,
हमारे नाम आया है
आँखों की ख़ुमारी है,
होठों का नशा उसमें
मेरे महबूब को छू कर,
छलकता जाम आया है
कोई ख़त भेजा है मुझको
जो मेरे नाम आया है...

बहारों ने बागे-गुल का,
ये सलाम भेजा है...
फ़िज़ाओं की महक भेजी है,
और फ़रमान भेजा है,
के इक गुल से नहीं ख़ामोश,
दिल को आस मिलती है...
मेरे दिलबर ने इस लिए,
तो यह ग़ुलदान भेजा है,
ख़ुशबूओं से महक रहा है,
मेरे दिल का वीराना...
मेरे ग़ुल ने बड़ी तौफ़िक से
ग़ुल्फ़ाम भेजा है
कोई ख़त भेजा है मुझको
जो मेरे नाम भेजा है...

नींदो की जंजीरों से
मैं सपने तोड़ लाया हूँ,
यादों की किताबों में,
फूल इक छोड़ आया हूँ
वो जो बीते हुए लम्हों की
यादें अब पुरानी हैं
उन्हीं यादों में अपनी वो
जवानी छोड़ आया हूँ
लिखी काग़ज पे पूरी सी
अधूरी वो कहानी थी,
उन्हीं पन्नों पे दिल की
इक निशानी छोड़ आया हूँ
बहुत सी देर कर दी पर,
कहीं से उड़ के आया है,
मेरे ज़ख्मों पे मरहम की तरह
ये काम आया है...
कोई ख़त भेजा है मुझको
जो मेरे नाम आया है...

ज़मीं और आसमाँ चुप है,
क्यूँ सारा जहाँ चुप है...
जो कल तक शोर करता था,
क्यूँ सारा समा चुप है...
मंदिरों की आवाज़े बंद
मस्जिद की अज़ाँ चुप है
ये कैसी आग भड़की है,
शरर चुप है, धुआँ चुप है...

तेरी ये बोलती नज़रें,
जो काग़ज़ पर उतरती थीं...
जो कहना चाहती थी सब,
वो दिल चुप है, ज़ुबान चुप है...
कोई ख़त आया है मुझको,
वो क्यूँ चुपचाप है, चुप है...

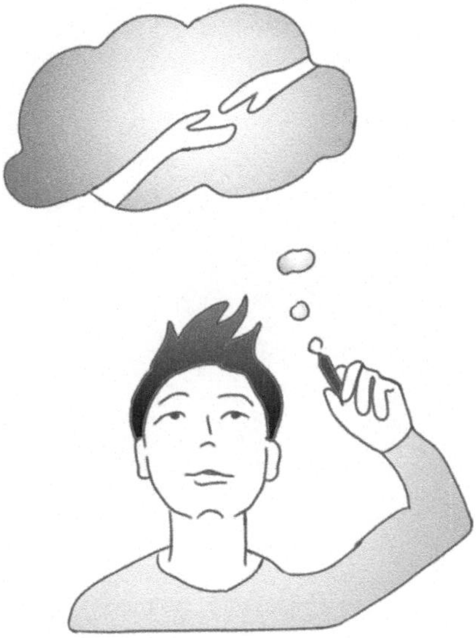

पूरे हुए जो आशिक़, वो फोत हो गए
अधूरे दिल के अरमां हैं, तो ज़िंदा हैं
तू हमें प्यार से देखे ना देखे, मेरी जाँ
हम तुझे प्यार से देखा किये, तो ज़िंदा हैं...

चलो इक ख़्वाब लिखते हैं...

बादलों में छुपा महताब लिखते है
चलो इक ख़्वाब लिखते हैं...

वो भीगना बरसात का,
वो जागना यूँ रात का..
वो उलझ कर सुलझना,
वो 'बहसना' बे बात का..
वो चुप चाप चलना चाँद पर,
वो हाथों में होना हाथ का..
सारा हिसाब लिखते हैं,
चलो इक ख़्वाब लिखते हैं...

वो फूलों में गुम सूम तितलियाँ
वो मुस्कुराना गुलाब का
वो बादलों की धुंधली वादियाँ
वो खिलखिलाना पहाड़ का
वो पक्षियों की चहचहाई
वो पत्तों की चर-चराहट
वो सुने सुने सन्नाटे में
वो बुद-बुदना प्यार का
कहीं हम रख कर बैठे
तेरे ख़याल में,
सोचते तुम्हें हैं, इस लिए
तुम्हें ही जनाब लिखते हैं
चलो इक ख़्वाब लिखते हैं...

तुम आ कर मिलोगे या,
यूँ ही गुज़ार दें..
ज़िंदगी लिखें तुझे या,
खुद पे वार दें..
बीता रहें हैं उम्र,
इसी इंतेज़ार में..
के बदलेंगे दिन मेरे भी,
इस साल में..
नींद में खुली आँखों से,
बे-पन्ना किताब लिखते हैं..
चलो इक ख़्वाब लिखते हैं..

ये कविताओं का संकलन एक प्रेम की अभिव्यक्ति है, जिसका स्त्रोत हमारे जीवन में आने वाले हर उस व्यक्ति को समर्पित है जो बचपन से उम्र के इस पड़ाव तक किसी ना किसी रूप में प्रभावित करता रहा।

मैं उन देखे अन-देखे चेहरों को धन्यवाद करता हूँ। मैं कृतज्ञ हूँ व प्रणाम करता हूँ, अपने माता-पिता को मुझे उच्च शिक्षा प्रदान करने व विरासत में लेखन का योगदान देने के लिए।

मैं धन्यवाद करता हूँ, इस उलझें हुए विचारों को समक्ष रखने के लिए मैं अपनी अर्धांगनी व लेखन को उचित रूप में प्रस्तुत कराने वाली आलोचक, डॉक्टर आशा, सुपुत्रियाँ, सुश्री उर्वशी, सुश्री मंजिष्ठा, जिन्होंने बिखरी हुई कविताओं को व पुस्तक की रचना व बनावट मे अपना सम्पूर्ण योगदान दिया व सुपुत्र श्री सर्वेश को उनके वाचन व अभिलेखबद्ध करने में सहायक रहे। अंतिम लेकिन किसी से कम नहीं मैं बहुत आभारी हूँ हमारे प्रकाशक श्री प्रशांत गुप्ता, जिनकी अभूतपूर्व परिश्रम का नतीजा है ये पुस्तक।

9 789393 262073

Printed at Repro India Ltd.